50 FREUDEN-TRÄNEN

CARIN REITERER   CARIN REITERER VERLAG

Bibliografische Information Der Deutschen Bibliothek

Die Deutsche Bibliothek verzeichnet diese Publikation
in der Deutschen Nationalbibliografie; detaillierte
bibliografische Daten sind im Internet über
http://dnb.ddb.de abrufbar.

Originalausgabe
Copyright ©2009 by Carin Reiterer
Umschlaggestaltung: Carin Reiterer
Satz: Carin Reiterer
Printed in Germany
ISBN 978-3-9811541-6-0
Herstellung: Books on Demand GmbH, Norderstedt

Luftschloß und Kartenhaus

Komm
und
zieh
zu
mir
in
mein
Luftschloß
ich
erwarte
Dich
hoch
zu
Roß

Komm
und
zieh
mit
mir
in
mein
Kartenhaus
es
ist
nicht
auf
Sand
gebaut

Himmelsrichtung

Wo
soll
ich
anfangen
Dich
zu
suchen
ohne
Deine
Himmelsrichtung
zu
kennen

Sternschnuppennacht

Ein
Blick
zwischen
Dir
und
mir
und
Liebe
beginnt
ganz
sacht
in
dieser
Sternschnuppennacht

Wegweiser

Du
bist
wie
ein
leuchtender
Stern
der
mir
meinen
Weg
weist

Morgenstern und Abendstern

So
nah
und
so
fern
Du
bist
mein
Morgenstern

Ich
habe
Dich
so
gern
Du
bist
mein
Abendstern

Rosa Wolken und Sterne

Unsere
Liebe
trägt
uns
auf
rosa
Wolken
gebettet
zu
den
Sternen

Unsere

Liebe

trägt

uns

auf

Wolke

Sieben

in

den

Siebten

Himmel

Firmament

Du
bist
der
hellste
Stern
an
meinem
Firmament

Horizont

Ich
werde
Dir
folgen
bis
zum
Horizont

Aus großer Höhe

Aus
großer
Höhe
ist
der
Sturz
umso
schmerzlicher

Unsanfte Landung

Gefallen
vom
Himmel
unsanft
gelandet
auf
dem
Boden
der
Tatsachen

Himmelssterne

Danke
für
die
Sterne
die
Du
mir
nie
vom
Himmel
geholt
hast

Himmelszelt

Du
bist
fortgegangen
und
der
hellste
Stern
an
meinem
Himmelszelt
ist
erloschen

Gesichter der Liebe

Liebe
hat
viele
Gesichter
sie
erzählen
viele
Geschichten

Wunder der Liebe

Suchen
und
finden
immer
weiter
und
immer
wieder

Wunder
der
Liebe

Geheimnis der Liebe

Komm
und
lüfte
mit
mir
das
Geheimnis
der
Liebe

Spiel der Liebe

Komm
und
spiel
mit
mir
das
Spiel
der
Liebe
ohne
Anfang
und
ohne
Ende

Labyrinth der Liebe

Ich
habe
mich
verirrt
im
Labyrinth
der
Liebe

Feuer der Liebe

Das
Feuer
der
Liebe
brennt
immer
noch
in
mir...

Hört
das
denn
nie
auf
mit
Dir
und
mir?

Zauber der Liebe

Der
Zauber
der
Liebe
ist
verflogen
und
ich
fühle
mich
so
verloren
ohne
Dich

Flügel der Liebe

Deine
Liebe
verleiht
mir
Flügel
auch
wenn
sie
nur
dafür
da
sind
um
vor
Dir
zu
flüchten

Karte der Liebe

Ich
habe
alles
auf
die
Karte
der
Liebe
gesetzt
und
alles
verloren

Andenken der Liebe

Du
gingst
fort
und
nahmst
meine
Liebe
mit

Meine
Sehnsucht
nach
Dir
hast
Du
hier
zurückgelassen

Nur durch Blicke

Ein
Blick

von

Dir

zu

mir...

Ein
Blick

von

mir

zu

Dir...

Wir

verstehen

uns

auch

ohne

Worte!

Wortlos

Du
ziehst
mich
einfach
so
in
Deinen
Bann
wortlos
sehen
wir
uns
an

Berührt

Nur
durch
Deine
Blicke
und
ohne
große
Worte
hast
Du
mein
Herz
und
meine
Seele
berührt

Goldwaage

Jede
Antwort
jede
Frage
jedes
Wort
liegt
auf
der
Goldwaage

Zerschlagene Hoffnung

Du
hast
jede
Hoffnung
in
mir
zerschlagen
ohne
auch
nur
ein
Wort
zu
sagen

Verstummt

Wir
sind
verstummt
kein
Wort
steht
zwischen
uns

Unausgesprochen

Vieles
blieb
unausgesprochen
dadurch
hast
Du
mein
Herz
gebrochen

Ungesagt

Wir
haben
zu
vieles
immer
wieder
vertagt
zu
vieles
blieb
dadurch
ungesagt

Stille

Du
bist
nicht
mehr
hier
und
Stille
breitet
sich
aus
in
mir

Ruhe kehrt ein

Unsere
Wege
trennen
sich
hier
und
Ruhe
kehrt
ein
in
mir

Gestern, heute und morgen

Gestern
morgen
haben
wir
uns
endlich
gefunden...

Heute
abend
haben
wir
uns
wieder
verloren...

Morgen
nacht...
Werden
wir
uns
endlich
wiederfinden?

Verlieren und wiederfinden

Ich
habe
Dich
verloren
im
tiefsten
Dunkel
der
Nacht...

Werde
ich
Dich
wiederfinden,
wenn
ein
neuer
Tag
erwacht?

Schatten der Nacht

Ich
möchte
bei
Dir
bleiben
und
mit
Dir
die
Schatten
der
Nacht
vertreiben

Dunkel der Nacht

Ich
blicke
in
das
Dunkel
der
Nacht
denke

an
Dich
und
hoffe
Du
vergißt
mich
nicht

Deine Wärme

Deine
Wärme
überdauert
die
kälteste
Nacht
bis
ein
neuer
Tag
erwacht

In meinen Träumen

Tauch

in

meine

Träume

ein

und

laß

mich

heute

nacht

in

meinen

Träumen

nicht

allein

Schönste Träume

Aus
Angst
etwas
zu
versäumen
weckst
Du
mich
und
reißt
mich
aus
den
schönsten
Träumen

Traumbild

Mit
uns
lief
alles
verkehrt
nun
ist
mein
Traumbild
von
uns
verzerrt

Verirrt und geirrt

Du
hast
Dich

in

meinen
Träumen
verirrt

Du
hast
Dich

in

meinen
Gefühlen
geirrt

Spät

Spät
aber
nicht
zu
spät
bin
ich
aufgewacht
aus
meinem
Traum
spät
aber
besser
spät
als
nie

Scherben

Träume
sterben
und
mein
Herz
liegt
in
Scherben

Klar

Träume
werden
oft
nicht
wahr
und
ich
sehe
wieder
klar

Traumverloren

Du
bist
nicht
mehr
hier
und
ich
verliere
mich
in
Träumen
von
Dir

Traumloser Schlaf

Seit
Du
nicht
mehr
bei
mir
bist
kann
ich
nicht
mehr
träumen

Traumloser
Schlaf

Alptraum

Du
bist
der
Alptraum
aus
dem
ich
nicht
erwachen
kann

Glassplitter

Von
unseren
Träumen
blieben

nur
Splitter
zerbrochen
ist
das
Glas
und
geblieben
ist
nur
Haß

Trost

Trauer
Verzweiflung
Depression
Melancholie

...doch
  in
  der
  Nacht
  singt
  eine
  kleine
  Grille
  ihr
  Lied

1   Luftschloß und Kartenhaus

2   Himmelsrichtung

3   Sternschnuppennacht

4   Wegweiser

5   Morgenstern und Abendstern

6   Rosa Wolken und Sterne

7   Wolke Sieben und Siebter Himmel

8   Firmament

9   Horizont

10   Aus großer Höhe

11   Unsanfte Landung

12   Himmelssterne

13   Himmelszelt

14   Gesichter der Liebe

15   Wunder der Liebe

16   Geheimnis der Liebe

17   Spiel der Liebe

18   Labyrinth der Liebe

19   Feuer der Liebe

20   Zauber der Liebe

21   Flügel der Liebe

22   Karte der Liebe

23   Andenken der Liebe

24   Nur durch Blicke

25   Wortlos

26   Berührt

27   Goldwaage

28   Zerschlagene Hoffnung

29   Verstummt

30   Unausgesprochen

31   Ungesagt

32   Stille

33   Ruhe kehrt ein

34   Gestern, heute und morgen

35   Verlieren und wiederfinden

36   Schatten der Nacht

37   Dunkel der Nacht

38   Deine Wärme

39   In meinen Träumen

40   Schönste Träume

41   Traumbild

42   Verirrt und geirrt

43   Spät

44   Scherben

45   Klar

46   Traumverloren

47   Traumloser Schlaf

48   Alptraum

49   Glassplitter

50   Trost